Rund um den
Semmering

SUTTON

Die Bebauung des Semmering brachte eine eigenständige alpine Villenarchitektur hervor: die Villa Hahn an der Liechtensteinstraße. Eine Postkarte von 1903.

Matthias Marschik und Eduard Völker

Die Reihe Archivbilder

Rund um den Semmering

SUTTON

Der Hoch-Semmering wurde um 1900 zu einem Wiener Vorort. Hier die beliebte Terrasse des Café Eckstein an der Hochstraße. Die Ecksteins mussten das Lokal im Herbst 1938 verkaufen, es wurde vom neuen Besitzer unter dem Namen „Münchhausen" weitergeführt.

Sutton Verlag GmbH
Hochheimer Straße 59
99094 Erfurt
www.suttonverlag.de

Verlagsrepräsentanz Österreich
Obkirchergasse 21/7
1190 Wien
www.suttonverlag.at

Copyright © Sutton Verlag, 2014
ISBN: 978-3-95400-344-0
Druck: Florjančič Tisk d.o.o. / Slowenien

Inhaltsverzeichnis

Bildnachweis und Danksagung	6
Einleitung	7
1. Die Anreise	9
2. Die Passhöhe und der südliche Semmering	15
3. Der nördliche Semmering	25
Am Hochweg	29
An der Villenstraße und Südbahnstraße	37
In die Adlitzgräben	45
Auf dem Wolfsbergkogel	53
4. Freizeit	59
Sport	61
Das gesellschaftliche Leben	71
Wanderungen und Ausflüge	81
Kuren	87
5. Aufbruch	91

Bildnachweis und Danksagung

Alma-Produktion, Paulus Manker: S. 78, 79 o, 89 u, 90, 94 o
Archiv Marcello La Speranza: S. 81
Bildarchiv der Österreichischen Nationalbibliothek, Wien: S. 61, 68 o, 75 u, 76, 77 u, 79 u
Foto Eduard Völker: S. 93, 94 u, 95 u
Archiv Michael Zappe: S. 64, 65
Bildagentur Zolles: S. 92 o
Alle anderen Bilder stammen aus dem Archiv Eduard Völker.

Die Autoren danken in besonderer Weise für wertvolle Informationen: Herrn Bürgermeister Horst Schröttner, Herrn Altbürgermeister Hermann Düringer, Herrn Paul Laschitz und den Mitarbeitern der Infostelle Weltkulturerbe Semmeringbahn sowie Herrn Paulus Manker für die freundliche Überlassung von seltenen Fotoaufnahmen.

Einleitung

„Oh Wildnis, oh Schutz vor ihr", der Romantitel Elfriede Jelineks würde sich ausgezeichnet für eine Kurzcharakteristik des kurz „Semmering" genannten Berggebietes an der Grenze von Niederösterreich zur Steiermark anbieten. Seit gut 130 Jahren verbinden sich am Semmering Natur und Kultur, Wildnis und Zivilisation auf ganz besondere Weise.

Schon der Name soll ursprünglich „der Unwirtliche" bedeutet haben. Und besonders die abseits des knapp 1.000 Meter hohen Übergangs gelegenen Berge und Schluchten erregten mitunter Angst und Schrecken. Dies galt für die Wanderer auf den ab dem 12. Jahrhundert angelegten Saumpfaden ebenso wie später für die Kutschenreisenden auf der im Jahr 1735 eröffneten ersten Semmeringstraße. Trotz des Einkehrgasthofs „Zum Erzherzog Johann", trotz des 1728 errichteten Carolus-Denkmals und selbst nach der 1854 erfolgten Fertigstellung der Semmeringbahn unter der Leitung Carl Ritter von Ghegas blieb der Semmering ein einsamer Ort inmitten nahezu unberührter Natur.

Das änderte sich erst um 1870, als im Zuge des aufkommenden Alpinismus das Semmeringgebiet durch Wanderwege erschlossen wurde. Im Jahr 1882 leitete der Bau des „Hotel Semmering", später „Südbahnhotel", eine Phase enormer Bautätigkeit ein, die bis 1914 zur Errichtung zahlreicher Gebäude, von Luxushotels über karge Pensionen und Herbergen bis zu zahlreichen mehr oder minder prunkvollen Villen, führte. Innerhalb von 30 Jahren wurde der Semmering von einem einsamen Gebirgspass mit Bahnanschluss zu einer Beletage der Monarchie, zu einem Kurgebiet der Reichen und der Bohème, zu einem Ausflugsziel der Mittelschicht, aber auch zu einem Treffpunkt der internationalen Sportelite. Der Semmering wurde zu einem zentralen Ort in der Aufbruchsstimmung der Wiener Moderne, die sich nicht zuletzt die Eroberung der Landschaft zum Ziel gesetzt hatte.

Wo sich zur Mitte des 19. Jahrhunderts noch die Füchse eine gute Nacht gewünscht hatten, machte nun die bessere Gesellschaft Wiens, wie in der gerade 80 Kilometer entfernten Metropole, die Nacht zum Tag. Nun gaben sich nicht nur der Hochadel, angeführt von Erzherzog Karl, dem späteren Kaiser Karl I., und seinem Sohn Otto, sondern auch das gehobene Bürgertum mit seinen liberalen, kunstsinnigen, reichen und oft selbstgefälligen Politikern, Bankiers, Fabrikbesitzern und leitenden Beamten – inklusive mancher zwielichtiger Gestalten der Halbwelt – und vor allem die Welt der Künstler ein Stelldichein. Oskar Kokoschka und Peter Altenberg, Alma Mahler und Karl Kraus, Max Reinhardt und Arthur Schnitzler, Gerhart Hauptmann und Franz Werfel trafen dabei nicht zuletzt auf ihre Kritiker, etwa den Journalisten Viktor Silberer, wie auf ihre Verleger, etwa Paul Zsolnay.

Jeder Semmeringbesucher der noblen Gesellschaft verbrachte die Tage dort auf seine eigene distinguierte Weise: Tagsüber konnte man ausgedehnte Wanderungen unternehmen oder nur zum nächsten Kaffeehaus flanieren, man konnte sich der Einsamkeit der Schöpfung hingeben oder versuchen, zarte Bande der Zweisamkeit zu knüpfen, man konnte die gute Luft genießen oder sich in den Rauchersalon zurückziehen, man konnte selbst Sport treiben oder den anderen dabei zusehen. Manche schrieben an ihrem neuen Roman, andere verfassten Ansichtskarten an die Daheimgebliebenen. Die Nacht dagegen suchten die einen für einen erholsamen Schlaf zu nutzen, während die anderen diese bei Kartenspiel, Alkohol und exzessiven Festen zum Tag machten. Auf einem Corso zwischen Natur und Künstlichkeit konnte man sich abwechselnd zeigen und verstecken.

Den Hintergrund der Aktivitäten bildete das Bergpanorama von Rax und Wechselgebirge, von Hirschen- und Pinkenkogel, die je nach Sichtweise friedliche und unberührte oder wilde und unbezähmbare Landschaft, die man zugleich suchte und mied. Natursucht und Naturflucht, Wagnis und Rückkehr ins traute Hotel, Konfrontation mit Landschaft und Schöpfung und zugleich sicherer Hafen der Zivilisation, Einsamkeit und die Gemeinschaft Gleichgesinnter. Der Semmering machte beides möglich. Man genoss die Natur, hatte seine sicheren Rückzugsorte und blieb unter sich. Den Kontakt zur einheimischen Bevölkerung reduzierte man auf das nötige Minimum.

Die Eisenbahn garantierte die leichte Erreichbarkeit von der Metropole Wien aus, aber ebenso eine rasche Möglichkeit zum Aufbruch, sollte es die wilde Natur einmal gar zu bunt treiben oder sollten dringende Termine eine Rückkehr erforderlich machen. Die Hotels versprachen Zivilisation, Amüsement und Komfort und machten den Semmering zu einem Vorort Wiens, in dem freilich die besseren Kreise unter sich blieben. Die Villen wiederum verkündeten zugleich Nähe und Ferne: Architektonisch zwischen Historismus und Jugendstil angesiedelt, kopierten sie in ihrem Schweizer oder Tiroler Stil die Bauernhausarchitektur, die im Sinne des adeligen Landschaftsgartens des 18. Jahrhunderts die Berge als Kulisse und die Villen als Staffagearchitektur interpretierten.

Kaltwasser- und Luftkuren signalisierten eine direkte Nutzbarmachung der Naturkräfte und -quellen. Und der Sport schließlich bedeutete den Sieg des Menschen über die Natur durch das Bezwingen des Berges, im Winter mit Skiern, Rodeln oder Bobs, im Sommer mit Fahrrädern oder Automobilen.

Seine Hochblüte erlebte der Semmering in den letzten Jahrzehnten der Monarchie. Aber auch in den 1930er-Jahren erfreute sich die Gegend, nicht zuletzt Dank einer zweiten Ausbaustufe, großer Beliebtheit. Zu Beginn der NS-Zeit starb der Semmering einen seelischen Tod, die zahlreichen jüdischen Villenbesitzer wurden vertrieben, ihre Häuser geplündert. NS-Prominenz von Hermann Göring bis Erwin Rommel ersetzte die Wiener Hautevolee, viele Hotels wurden in Offizierslazarette umgewandelt. Einen letzten Boom erlebte der Semmering im Sog des Wirtschaftswunders, ehe zuerst der Italien-Urlaub, später der Ferntourismus den Semmering zunehmend verwaisen ließen. Erst ab den 1990er-Jahren erfolgte eine allmähliche Revitalisierung der Hotelanlagen. Mit Ski-Weltcuprennen oder der legendären Alma-Aufführung im Jahr 2007 wurden neue Attraktionen geschaffen. Doch, wie die Probleme vieler Beherbergungsbetriebe zeigen, ist die Zukunft der Region weiterhin ungewiss. Eines ist der Semmering in den Worten des Historikers Wolfgang Kos noch immer: eine „künstliche Naturlandschaft".

1

Die Anreise

Der Wiener Südbahnhof bildete zumeist den Ausgangspunkt der Reise auf den Semmering. Die Postkarte zeigt den 1841 errichteten ursprünglichen Bau, genannt Gloggnitzer Bahnhof.

Der Eröffnungszug erreicht am 5. Mai 1842 den neuen Endbahnhof der Südbahn in Gloggnitz. Ein Gemälde von Anton Schiffer.

1854 wurde die von Carl Ritter von Ghega geplante Bahnstrecke über den Semmering eröffnet und die Lücke auf dem Weg zur Adria geschlossen. Auf dem Rumplergraben-Viadukt erkennt man die obligate Vorspannlokomotive.

Das Ziel ist erreicht: Der Bahnhof Semmering empfängt eine Gruppe von Skiläufern, die in den 1920er-Jahren zu einer internationalen Veranstaltung anreisten.

Auf dem Bahnhofsvorplatz zeigte ein Richtweiser den Gästen den Weg zu ihren Unterkünften. In den späten Kriegsjahren waren jedoch viele große Hotels für prominente Nazis sowie die Pflege verwundeter Soldaten reserviert.

Mit Kutschen wurden die Bahnreisenden zu ihren Quartieren gebracht, etwa ins Hotel des Vinzenz Panhans, der sich als Gastwirt am Südbahnhof und später im „Südbahnhotel" am Semmering enormen Reichtum erwirtschaftet hatte.

Die noble Wiener Gesellschaft reiste vielfach mit dem eigenen Automobil an. Die Wallfahrtskirche und die Gasthöfe von Maria Schutz bildeten einen beliebten Abstecher. Das Bild zeigt die Veranda des Hotels „Bellevue".

Der „Bärenwirt" in Greis bildete eine letzte Raststätte auf der Semmeringstraße. Hier konnte auch Kühlwasser nachgefüllt werden.

Die Myrtenbrücken, eine kleine von Kaiser Karl VI. errichtete alte Bachüberquerung und eine spektakuläre Brücke entlang der neuen, 1841 unter Kaiser Ferdinand I. fertiggestellten Straße, leiten ihre Namen vom Hl. Martin her.

Max Ostler's Restaurant z. Schmiede. Semmering

Bei der Semmeringer Ortseinfahrt kümmerte sich ein Schmied um Pferde und Kutschen und eine Gastwirtschaft um das leibliche Wohl der Ankommenden. Das Wirtshaus wurde später von der Ski-Weltmeisterin Trude Klecker geführt.

Die Ankunft mit dem Auto vor den Dependancen des „Südbahnhotels", wo vor allem das weniger betuchte Publikum wohnte und in der „Jubelhalle" verköstigt wurde.

2

Die Passhöhe und der südliche Semmering

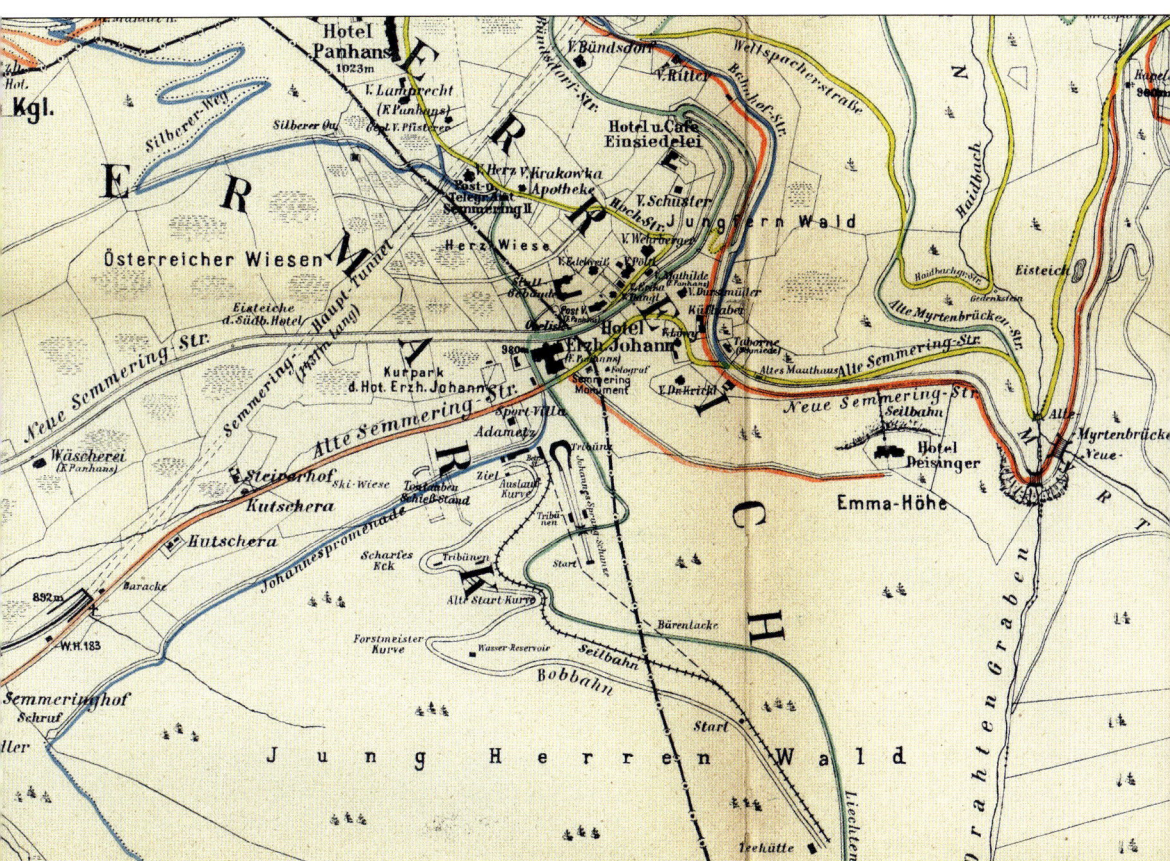

Dieser Plan aus den Jahren um 1900 zeigt die zu dieser Zeit bereits nahezu vollständige Bausubstanz sowie die mannigfachen modernen Sportanlagen rund um die Passhöhe.

Die Einkehrstätte „Zum Erzherzog Johann" war die erste Verpflegungsstation am Scheitelpunkt des Semmering. Schon im 17. Jahrhundert errichtet, blieb sie bis 1898 bestehen. Das Bild zeigt das Gasthaus im Jahr 1876 noch ohne Verandazubau.

Victor Silberer ließ im Jahr 1898 an dieser Stelle das „Grand Hotel Erzherzog Johann" errichten, das später zu einer Dependance des „Hotel Panhans", zum Sitz des Österreichischen Wintersportclubs, zum Treffpunkt der Wintersportler und zum Zielort zahlreicher Rad- und Autorennen wurde. Nach dem Zweiten Weltkrieg brannte das Gebäude vollständig aus.

Der Plan für den Neubau eines zehnstöckigen Hotels wurde abgelehnt. So errichtete man statt der Brandruine einen flachen Holzbau, der als „Dschungelbar" zum beliebten und mitunter berüchtigten Jugendtreffpunkt wurde.

Im Jahr 1980 wollte man an die ruhmreiche Geschichte anschließen: Ölimporteur Hannes Nouza ließ neben seiner Tankstelle erneut ein Hotel mit mehreren Gastronomiebetrieben errichten. Seit der Jahrtausendwende wird das Haus nur mehr für die Organisation der Skirennen genutzt.

Das „Hotel Post" gehörte anfangs als „Postvilla" zum „Hotel Erzherzog Johann". In der Besatzungszeit war es Kommandozentrale der sowjetischen Armee. Später wurde der Hotelbetrieb wieder aufgenommen. Seit 2012 dient das Gebäude als Gemeindeamt.

Zur Beschleunigung der Handelswege in den Süden ließ Kaiser Karl VI. im Jahr 1728 in einer Bauzeit von gerade 48 Tagen eine neue Straße über den Semmering bauen. Der Kaiser selbst reiste auf dieser Strecke nach Triest. Zur Erinnerung daran ließen ihm die Stände Innerösterreichs ein Denkmal errichten.

Auf der Passhöhe am Areal neben dem Carolus-Denkmal stehen das „Haus Hofer" und das „Hotel Berghof". In den 1970er-Jahren konnte man rund um das Denkmal Minigolf und später auch „Pit Pat" spielen.

Zur Erinnerung an den ersten Überflug eines österreichischen Alpenpasses wurde dem Flugpionier Eduard Nittner auf der Passhöhe ein Denkmal erbaut. Nittner hatte am 3. Mai 1912 auf einem Flug von Wiener Neustadt nach Graz mit seiner Etrich-Taube namens „Kondor" den Semmering überquert. Im Folgejahr verunglückte der Pilot tödlich.

Auf dem Weg von der Passhöhe zum Sonnwendstein passiert man die Pension „Hubertushütte". Sie liegt in der Nähe der Johannespromenade, die im Sommer als Spazierweg und im Winter als Langlaufloipe dient.

An der alten Reichsstraße oder Carolus-Straße stand das um 1900 erbaute „Haus Adametz", das als Dependance des „Erzherzog Johann" errichtet worden war. Es war inmitten der Freizeitanlagen situiert und wollte als „Sport-Villa" von den zahlreichen Wintersportgästen profitieren. Für die Regeneration sollten „Steiners Paradiesbetten" sorgen.

An der Rückseite des „Hotel Erzherzog Johann" begannen die Wanderwege auf den Sonnwendstein, den Hirschenkogel und in den Dürrgraben. Die Wanderkleidung zur Zeit der Jahrhundertwende demonstriert das urbane Flair des Semmering.

Die „Enzianhütte" bildete lange Jahre die Mautstelle für die Auffahrt auf den Hirschenkogel. Sie war zugleich eine Raststation für Wanderer. In unmittelbarer Nähe befand sich der Anlaufturm der Liechtensteinschanze.

Als ein Wiener Unternehmer auf der Emmahöhe das „Palace Hotel" errichtete, sperrten ihm die Einheimischen die Zufahrtsstraße, wodurch er gezwungen war, einen Lift für das Baumaterial, später auch für die Gäste und ihr Gepäck, zu errichten. Mit spektakulären Lichteffekten wurde für das Palace geworben. Um 1920 verwandelte Dr. Hecht das Haus in ein Sanatorium.

Im Jahr 1954 wurde das „Palace Hotel" von der Sowjetischen Mineralölverwaltung in ein Urlaubsheim für ihre Betriebsangehörigen umgewandelt, das mit dem Staatsvertrag in den Besitz der ÖMV überging. Seit 1994 wird das Haus als „Artis Hotel" mit dem Schwerpunkt Seminartourismus genutzt.

Die Talstation der Hirschenkogelbahn diente zugleich als Ausflugsgasthaus. Ursprünglich wurde sie als Einzel-, dann als Doppelsessellift geführt. Der Skiweltcup am Semmering im Jahr 1998 war Anlass für den Umbau zur Gondelbahn, heute modisch „Magic Mountain Xpress" genannt.

Neben der Bergstation am Hirschenkogel lag auf 1.300 Metern Seehöhe das Liechtensteinhaus, auch „Else-Hütte" genannt. 1932 als Jagdhütte errichtet, diente es später als Berggasthaus. 1979 wurde es spektakulär durch einen gezielten Brand abgetragen und an seiner Stelle das neue Liechtensteinhaus errichtet.

SONNWENDSTEIN, 1523 m

Der Sonnwendstein mit einer Höhe von 1.523 Metern bietet an klaren Tagen einen Rundblick bis in die ungarische Tiefebene. Von Maria Schutz führte ein Sessellift fast bis zum Gipfel und zum „Berghotel Polleres". Das Haus wurde 1985 ein Raub der Flammen, der Lift musste 2005 aus Sicherheitsgründen eingestellt werden und wurde inzwischen abgetragen.

Etwas unterhalb der Sendeanlage des ORF steht am Sonnwendstein eine Bergkapelle, die im Jahr 1935 im Gedenken an den ermordeten Bundeskanzler Engelbert Dollfuß errichtet wurde. Gegen Ende des Zweiten Weltkriegs wurde die Kirche schwer beschädigt und unter Verwendung wertvoller Glasfenster Siegfried Kollers renoviert.

3

Der nördliche Semmering

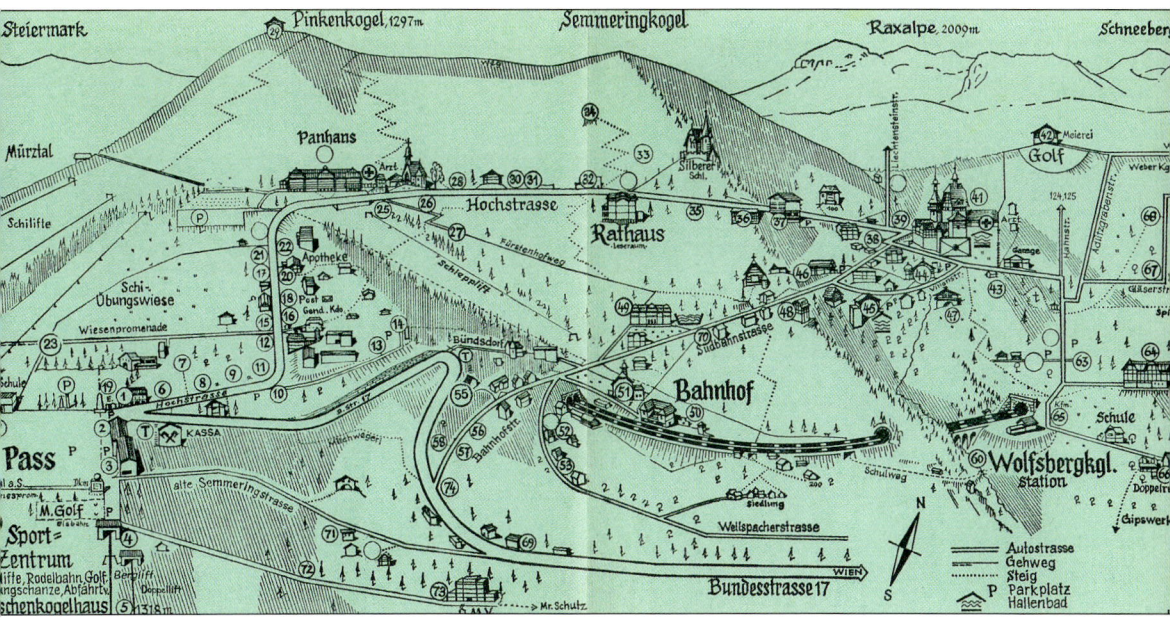

Eine Skizze aus dem Jahr 1970 zeigt die Bebauung des nördlichen Semmering mit dem beherrschenden Pinkenkogel und der Aussicht auf Rax und Schneeberg.

Die von der Südbahngesellschaft herausgegebene Zeitschrift „Südbahn und Lloyd" verweist auf den Semmering nicht nur als Zielort, sondern auch als Durchgangsstation zur Adria. Das Vorwort zur ersten Nummer verfasste der Schriftsteller und Kritiker Hermann Bahr.

Südbahn-Generaldirektor Friedrich Schüler entwickelte nach englischem Vorbild die Idee, an der Bahnstrecke Übernachtungsmöglichkeiten für die Oberschicht errichten zu lassen. Neben Anlagen in Abbazia und Toblach ließ er auch das „Hotel Semmering" bauen. Im Jahr 1899, fünf Jahre nach seinem Tod, wurde ihm im Hotelpark ein Denkmal errichtet.

Im Jahr 1882 wurde der zunächst schmucklose Bau des „Hotel Semmering", von Peter Rosegger als Kaserne bezeichnet, fertiggestellt. Inmitten ausgedehnter Parkanlagen bot es städtisches Flair inmitten scheinbar unberührter Natur. Um 1900 wurde der nun „Südbahnhotel" genannte Komplex durch späthistoristische Zubauten erweitert.

Mitte der 1950er-Jahre wurde der Semmering als Mekka des Ganzjahrestourismus angepriesen, im Sommer als Luftkurort, in der kalten Jahreszeit als internationaler Wintersportplatz.

Am Hochweg

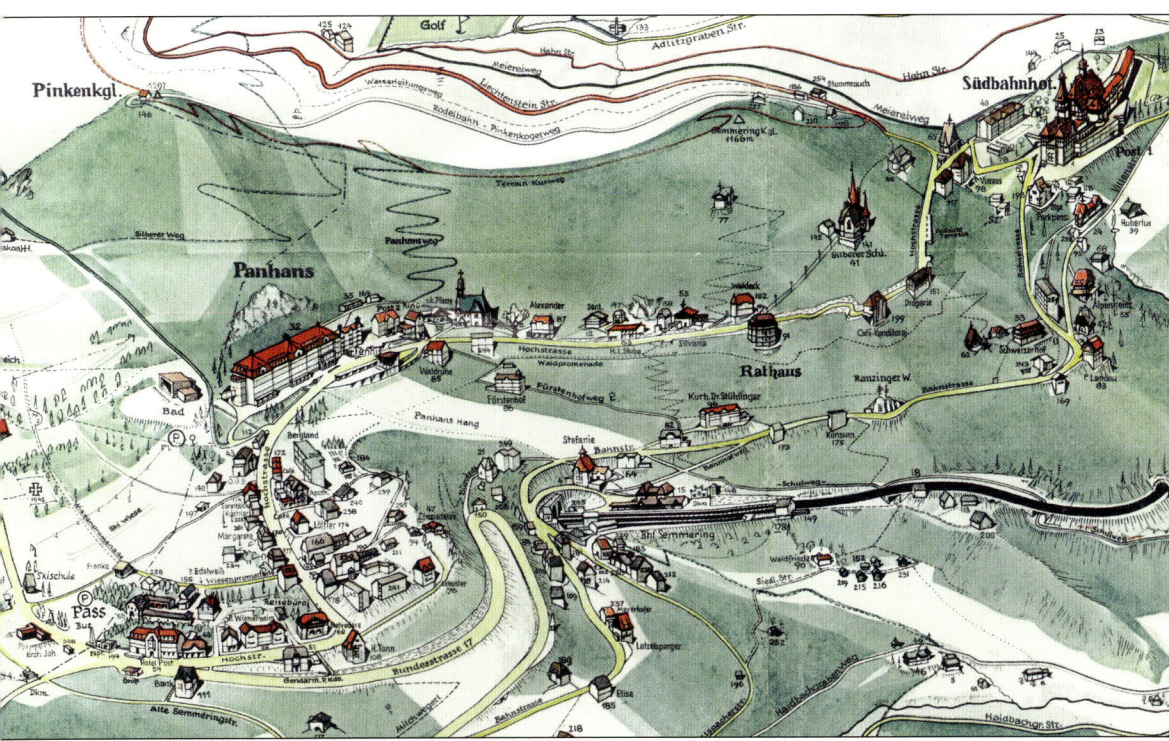

War vor 1900 die Gegend um den Wolfsbergkogel das touristische Zentrum, so entstanden durch die Hotels „Panhans" und „Erzherzog Johann" weitere zentrale Punkte. Der Hochweg entwickelte sich zur Flaniermeile zwischen diesen drei Plätzen.

Geht man von der Passhöhe Richtung „Südbahnhotel", taucht vor der ersten Biegung linker Hand die späthistoristische Villa Werberger auf, heute das „Hotel Belvedere". Erbaut wurde das Haus von der Tochter des „Erzherzog Johann"-Wirts Nettval und ihrem Gatten, dem Semmeringer Skipionier Franz Werberger.

Die 1896 errichtete „Pension Einsiedelei" stand architektonisch in der Tradition der Schweizerhäuser. Sie war als Kaffeehaus und wegen der im Keller befindlichen Kegelbahn beliebt. Im Jahr 2001 musste das baufällige Haus abgerissen werden.

Der Fotograf Anton Mayer, Urheber zahlreicher Postkartenansichten des Semmering, ließ sich am Hochweg eine Villa erbauen, in der sich auch sein Geschäftslokal befand. Erst viel später wurde das Haus zu einem Gasthof umfunktioniert, der seit 1972 von der Familie Laschitz geführt wird.

Der Wiener Bäckermeister Adalbert Herz errichtete um 1895 eine Dampfbäckerei. 1921 verkaufte er das Haus an die Familie Grünberg, die dort die „Sacher-Bar" einrichtete. Später wurde diese von der Familie Eckstein als Kaffeehaus weitergeführt. Im Jahr 1949 übernahm der ÖGB das Haus und richtete dort Wohnungen ein.

Mit seinem als Restaurationspächter erworbenen Reichtum ließ Vinzenz Panhans im Jahr 1888 an einem damals einsamen Platz am Hochweg ein Haus mit 44 Fremdenzimmern errichten, das er zunächst „Hotel Wien", dann „Sporthotel" taufte. Erst später fügte er seinen Namen hinzu und es wurde zum berühmten „Panhans".

Das Bild zeigt die ersten beiden Ausbaustufen der Jahre 1891 und 1904. Danach übernahm sein Neffe Franz Panhans die Leitung des Hauses und ließ es 1912/13 zu einem Grand Hotel mit 400 Betten ausbauen. Franz starb 1913 und seine Witwe Clara brachte das Hotel durch den Ersten Weltkrieg, musste es aber wegen hoher Schulden an ein Bankenkonsortium veräußern.

In den 1920er-Jahren wurde das „Panhans" samt hier abgebildeter Tanzterrasse zum 300 Meter langen Flaggschiff der Hotelflotte am Semmering. Verantwortlich dafür war ab 1930 der neue Mehrheitseigentümer William D. Zimdin, der unter anderem das Alpenstrandbad erbauen ließ und im „Panhans" ein Casino einrichtete.

In den 1930er-Jahren war das „Panhans" Mittelpunkt des gesellschaftlichen Lebens am Semmering. Seine weitere Geschichte verlief wechselhaft: 1938 wurde es zum „Gauhotel" und zum Sitz NS-freundlicher Exilregierungen. Nach einem Konkurs 1978 wird heute der Mitteltrakt wieder als Hotel geführt, der Rest beherbergt Privatwohnungen und eine Fremdenverkehrsschule.

Der Weg in die umliegenden Kirchen war vielen Gästen der Semmering-Hotels zu beschwerlich. Ein 1894 gegründeter Kirchenerrichtungsverein betrieb daher den Bau einer eigenen Kapelle, die durch etliche Spenden aus Adelskreisen schon zwei Jahre später samt dem hier abgebildeten Priesterhaus als Filiale der Pfarre Maria Schutz eröffnet werden konnte.

Die „Pension Alexander" befindet sich am Beginn der Flanierpassage des Hochwegs. Sie wurde 1908 vom Wiener Wäschehändler Richard Alexander errichtet. Im Erdgeschoss waren mehrere Geschäfte, unter anderem für Reiseandenken, untergebracht. Die Pension wurde in den 1930er-Jahren um einen Speisesaal und eine Terrasse erweitert.

Ab 1899 betrieb Hermann Hellmer am Hochweg ein Terrassencafé, später bekam er auch eine Konzession für ein „Bazargebäude". 1907 kauften Johann und Martha Hirschvogel das Haus und richteten eine Pension nebst Konditorei und Weinstube ein. Im Parterre wurden mehrere Geschäfte eröffnet, ein Kaufhaus mit Delikatessenabteilung und ein Laden für Reiseandenken.

Der Geschäftsmann, Sportpionier, Ballonfahrer und Vater der österreichischen Sportpublizistik Viktor Silberer ließ sich 1895 oberhalb des Hochwegs eine Villa bauen. An exponierter Stelle errichtet, wurde der exzentrische Bau im neugotischen Stil, bald das „Silberer-Schlössl" genannt, zu einem Wahrzeichen des Semmering.

Auch im Inneren strahlte die Silberer-Villa, die ab 1928 von Josefine Krätzer als Familienpension geführt wurde, den besonderen Geschmack ihres Erbauers aus. Was die exponierte Lage betraf, wurde das „Silberer-Schlössl" aber bald von der Villa des Eisenbahntechnikers und Eiskunstlaufpioniers Eduard Engelmann übertroffen.

Die Familien Kleinhans und Wallner waren Gewerbetreibende aus Mürzzuschlag und betrieben in ihrer um 1900 errichteten späthistoristischen Villa am Semmering zunächst ein Geschäft für Feinkost und Eisenwaren. Dazu kamen später Sportartikel sowie Galanteriewaren. Heute beherbergt das Haus mehrere Eigentumswohnungen.

An der Villenstraße und Südbahnstraße

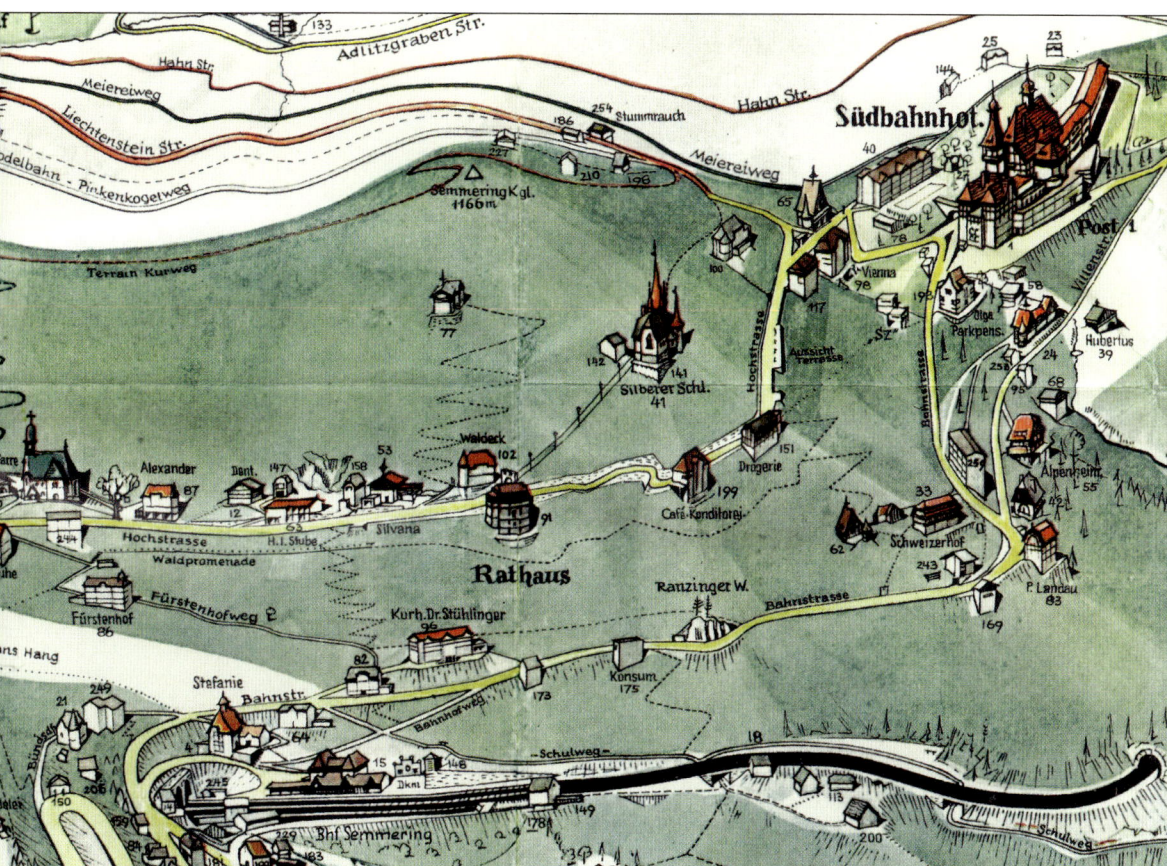

Im Vergleich zur rauen Atmosphäre des Semmering-Passes bot die Gegend des Wolfsbergkogels ein milderes Klima und wurde bald „Meran" genannt. Die Villenstraße war der Ausgangspunkt der privaten Bautätigkeit. Franz Schönthaler, Ringstraßenarchitekt und Produzent von Fertigteilhäusern, baute die erste hölzerne Villa, die ideengebend für den Semmering-Stil wurde.

Am unteren Rand der Parkanlage des „Südbahnhotels" wurde eine Reihe von Privatvillen errichtet, die architektonisch eine besondere Naturverbundenheit zum Ausdruck bringen sollten. In Anlehnung an die Form von Tiroler oder ostschweizerischen Bauernhäusern wurden besonders vom Architekten Franz Neumann spezifische Semmering-Varianten entworfen.

Die späthistoristische Villa Schönthaler war das erste Gebäude an der späteren Villenstraße. Im Jahr 1882 errichtet, wurde sie 1889 vom Industriellen Paul Seibel für seine Frau erworben und nach ihr in Villa Aline umbenannt. Nach mehreren Besitzerwechseln kam das Haus in den Besitz des Schauspielers Maxi Böhm, der es als Pension weiterführte.

Auch der Innenraum der Villa Aline, in den 1970er-Jahren als „Maxi Böhm's Gästehaus" bekannt, verknüpft alpine Holzarchitektur mit urbanem Villenstil. Maxi Böhm unterhielt hier zu besonderen Anlässen seine Gäste mit Vorträgen und Couplets. Auch seine Ansichtskarten schmückte er mit launigen Texten und Illustrationen.

1898 komplettierte die von Johann Dunz erbaute Villa Johannesruh, nach einem Verkauf 1921 in Alpenheim umbenannt, die Villenstraße. Die Fotos zeigen die Adaptierung vieler Villen im Stil der 1960er-Jahre. Im Zuge einer Semmering-Renaissance wurden sie an die neue Aufgabe als Pension angepasst und unter anderem durch den Einbau von Hallenbädern modernisiert.

Die ersten Pläne für die spätere Villa Bittner stammten aus dem Jahr 1892, die geplante Aussichtsterrasse wurde aber nicht genehmigt. So wurde das Haus erst 1895 nach Franz Neumanns Plänen errichtet. 1943 wurde die Villa durch die Reichsfinanzverwaltung requiriert, nach dem Krieg erhielten die Eigentümer ihr Haus unter Verlust des gesamten Mobiliars zurück.

Von der Familie Bittner erwarb der Wiener Fabrikant Max Landau einen Teil ihres Grundstücks und ließ dort eine 1908 vollendete Villa errichten. Sie hebt sich durch ihre am Sezessionismus Josef Hoffmanns orientierte Fassade von den übrigen Bauten der Villenstraße ab. 1961 wurde das Haus vom ÖGB erworben, seit einigen Jahren dient es als Seminarhotel.

Die Namen etlicher Villen verraten deren großbürgerliche Provenienz: Otto Seybel ließ im Jahr 1888 den an Schweizer Vorbildern orientierten Gertrudhof errichten und schenkte die Villa anlässlich der Geburt des ersten Sohnes seiner Frau. Ein Fresko mit musizierenden Putten sollte seiner Freude Ausdruck verleihen.

Am Nebengrundstück des Gertrudhofes ließ Otto Seybel um 1900 ein weiteres Objekt errichten, das er Schweizerhaus nannte. 1925 erwarb der Wirtssohn vom Sonnwendstein, Josef Wallner, den Gertrudhof und das Schweizerhaus. Er führte beide Häuser als Gastronomie- und Pensionsbetriebe. Den Gertrudhof nannte er nun „Schweizerhof", das andere Gebäude „Unsere Hütte".

Die Wallnerpensionen am Semmering, 1000 m Seehöhe.

Der „Schweizerhof" und „Unsere Hütte" firmierten nun als „Wallner-Pensionen". Das versprach zahlreichen Besuch, war doch der Name des Semmeringer Skipioniers weit über die Umgebung hinaus bekannt. Im „Schweizerhof" richtete Wallner das „Parkcafé" ein, davor ließ er ein großes Freiluft-Tanzparkett mit Musiktribüne errichten.

Semmering. Hôtel und Pension Wallner

1912 hatte Josef Wallner sen. die „Hotel-Pension Wallner" errichten lassen, einen Bau im typischen Semmering-Stil mit 50 Zimmern. Berühmt wurde der auf der Terrasse servierte Fünf-Uhr-Tee. Das Haus avancierte zum Zentrum des Wallner'schen Touristik-Imperiums. 1964 wurde das Gebäude unter Dr. Stühlinger zum bekannten „Kurhotel" ausgebaut.

An der Stelle des um 1860 erbauten Gasthofs „Zum Semmeringbauer" wurde 1890 von Konstantin Panhans das „Hotel Stefanie" errichtet, das sich durch seine Nähe zum Bahnhof auszeichnete. Ein umfangreicher Aus- und Umbau um 1910 machte das Haus zu einem guten Hotel für die Mittelklasse. Heute dient es als Heim für Senioren.

Der Weg über die Villenstraße endet beim Bahnhof. Zunächst befand sich das Stationsgebäude auf der Talseite der Gleise. Um 1870 wurde es an den Platz der ursprünglichen Remise für die Lokomotiven übersiedelt. Das Bild aus den 1920er-Jahren blickt in Richtung der Südbahnstraße. Man erblickt, wie fast immer, den imposanten Bau des „Silberer-Schlössls".

In die Adlitzgräben

Vom „Südbahnhotel" gibt es talwärts mehrere Wege in die Adlitzgräben. Etwas abseits der Touristenzentren gelegen, war die Gegend um den Weberkogel Ort zahlreicher Zukunftsplanungen für den Semmering, von einer Aussichtswarte bis zum Kursaal mit Casino und vom Wellen- und Strandbad bis zu einem Gymnasiumsprojekt der Eugenie Schwarzwald für 200 Schüler.

Die Südbahngesellschaft begann ab 1870, entlang der Bahnstrecke Eisenbahnhotels zu errichten. Unter anderem entstand im Jahr 1882 nach gerade 15-monatiger Bauzeit auf genau 1.000 Metern Seehöhe das „Hotel Semmering". Das anfangs schmucklose Gebäude bestach stattdessen durch technische Innovation: Es gab Zentralheizung, Gasbeleuchtung und eine eigene Wasserversorgung.

Noch in den 1880er-Jahren wurden dem „Südbahnhotel" zwei Dependancen für weniger zahlungskräftige Besucher hinzugefügt. Das Haupthaus dagegen wurde durch Holzelemente im Schweizerstil zunehmend historisiert. Die Fassade stand damit im Gegensatz zum Luxus, der im Inneren geboten wurde und sollte das Zusammenspiel von Kultur und Natur verdeutlichen.

Um 1900 zwang die zunehmende Konkurrenz das „Südbahnhotel" zu einem massiven Umbau, geleitet vom Architekten Alfred Wildhack und vom Abenteurer Robert von Morpurgo. Das „Grandhotel Südbahn" wurde zu einem luxuriösen Palasthotel umgestaltet, wobei die Einrichtung der Zimmer der Vornehmheit der Gäste um nichts nachstand.

Die nach 1900 erfolgten Umbauten richteten sich primär nach der zahlungskräftigen, konservativen Oberschicht. Zu den aristokratischen Besuchern der ausklingenden Monarchie kam nun ein neuer Geldadel, dem das Hotel eine Bühne zur Selbstdarstellung bot. Im und vor dem Hotel, auf der Promenade und im Café fand man sich ein, um zu sehen und gesehen zu werden.

Immer wieder erfolgten Umbauten des Hotels, die den konservativen Charakter beibehielten, aber auch Elemente von Jugendstil und Moderne integrierten, etwa durch die Schaffung von Sportanlagen oder den Neubau einer Garage. Die Innengestaltung dagegen repräsentierte den Luxus der Zeit: Das „Südbahnhotel" blieb für Jahrzehnte eines der führenden Häuser Europas.

In Konkurrenz zum ebenfalls 1932 erbauten Alpenstrandbad des „Panhans" richtete auch das „Südbahnhotel" ein Hallenbad ein, das durch Glastüren quasi ebenfalls in ein Freibad umfunktioniert werden konnte. Das von den Wagner-Schülern Emil Hoppe und Otto Schönthal geplante schlichte Bauwerk gilt als Musterbeispiel der Neuen Sachlichkeit.

Die Außenanlagen des „Südbahnhotels" wurden schon bald um eine Meierei bereichert. Diese war wohl mehr als Ziel für Spaziergänge gedacht, als dass sie bäuerliche Aufgaben erfüllte. Doch bot das in alpiner Formensprache ausgeführte Gehöft auch die Möglichkeit, ein Glas kuhwarmer Milch zu genießen.

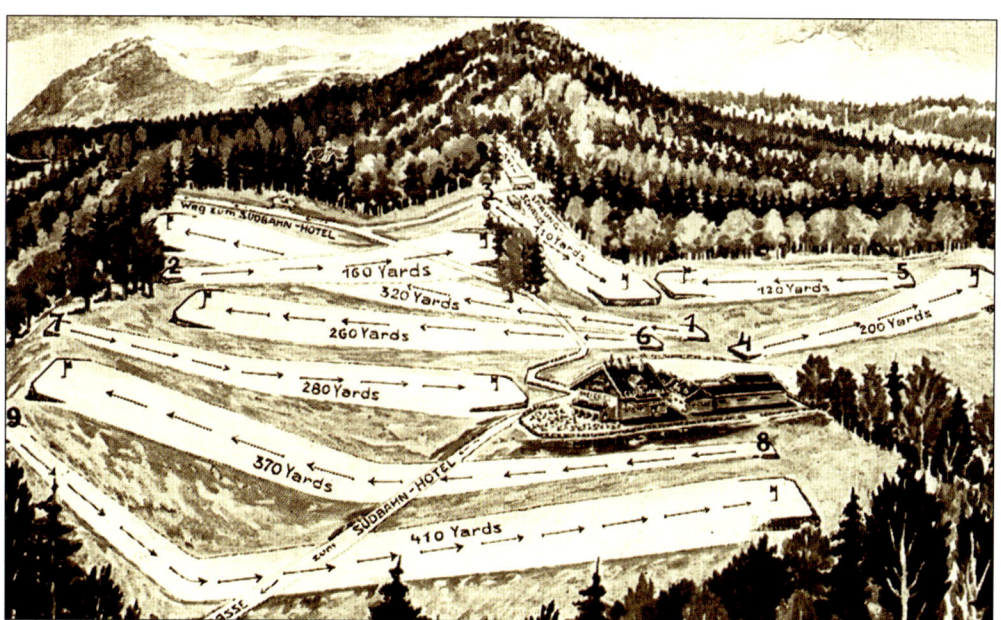

Die Umgebung des „Südbahnhotels" wurde in eine riesige Sportanlage umgestaltet. Wo im Winter Skiwiesen und Eislaufplätze, Bob-, Rodel- und Skeletonbahn sowie eine 1926 erbaute Skisprung-Übungsschanze warteten, lockte im Sommer ein Golfgelände. Einer der Abschläge bildete im Winter den Auslauf der Schanze.

Der Schriftsteller Richard Schaukal galt als Dichter der untergehenden Monarchie und als literarischer Impressionist. 1908 erwarb er am Semmering zwei Villen. Die eine nannte er – nach seinem Sohn – Wolfganghof, die andere – nach einem seiner Werke – Villa Immergrün (hier im Bild). Noch 1974 schrieben die Nachkommen Schaukals von „unserem Semmeringer Wigwam".

Die Villa Milewa – gegenüber der Villa Immergrün situiert – wurde 1925 zum „Kinder-Paradies" umgestaltet. Dort betreute Dr. Aurel Landstein schwächliche und nervöse Kinder ohne Begleitpersonen mit Mast- und Liegekuren. Auch während des Zweiten Weltkriegs war das Haus eine Kinderbetreuungsstätte, unter anderem für den späteren Schauspieler Otto Schenk.

Der pensionierte Major Emil Sajatovic bot in seiner kleinen „Pension Antoinette" in der Gläserstraße 17 Betten an. Ein eigenes Kino im Haus und eine Liegehalle versprachen besonderen Komfort. Das modische Interieur sollte wohl ein gutbürgerliches Publikum ansprechen. Die Pension existiert noch heute als „Haus Duchkowitsch".

Abgeschieden von den übrigen großen Häusern am Semmering fand sich die „Pension Sonnhof" am Abhang des Haiderkogels. Sie wurde 1913 vom bekannten Architekten Josef Tölk geplant und errichtet. Das Haus stand in Familienbesitz und bot sich besonders als Familienunterkunft an. Im Zuge der Kämpfe um den Semmering im April 1945 brannte das Haus ab.

Das letzte Haus vor den Adlitzgräben war die „Pension Scherl", die ein weniger betuchtes Publikum beherbergte. So warb man während der NS-Zeit außer mit günstigen Preisen, guter Küche und Liegeterrasse auch mit einer Dusche im Freien, einem Radioapparat und einem Tischtennistisch.

Auf dem Wolfsbergkogel

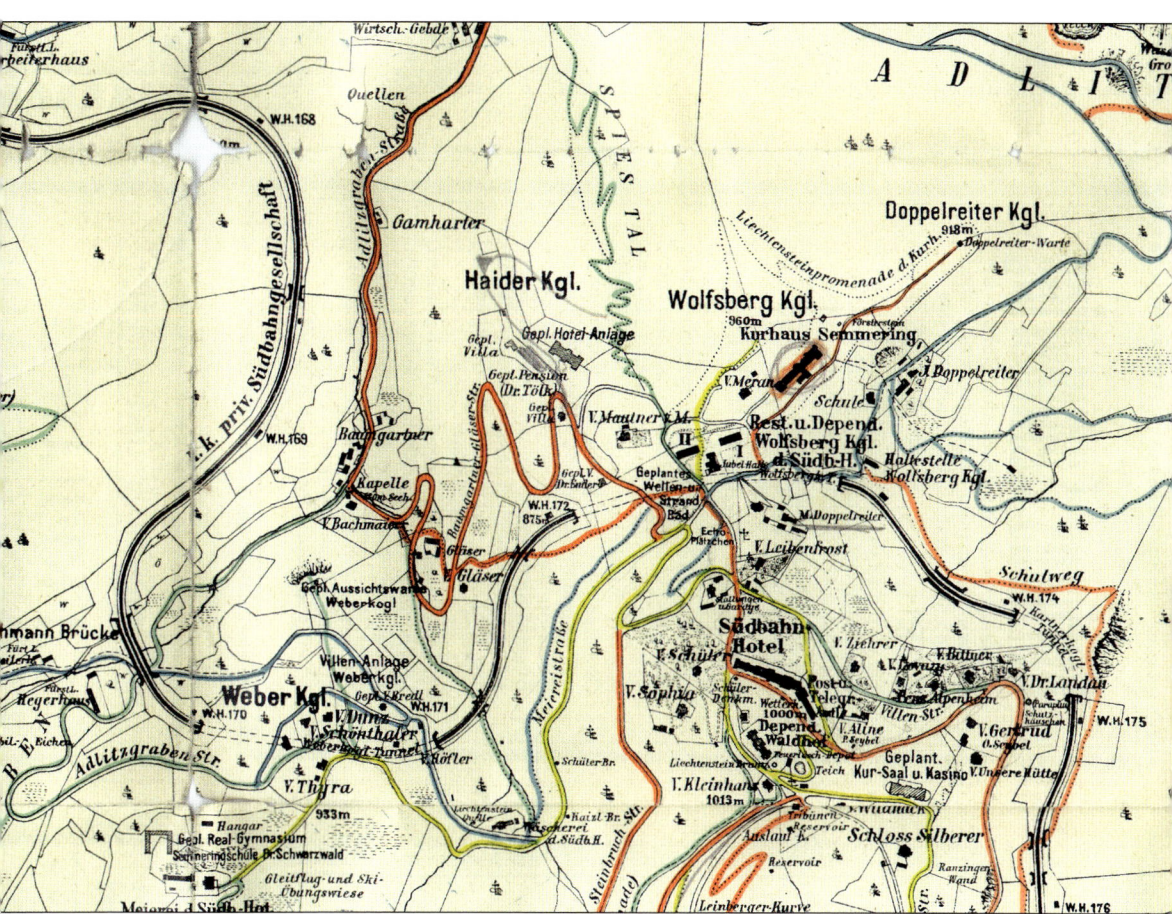

Die reich bewaldete Gegend um den Wolfsbergkogel bildete den Ausgangspunkt der touristischen Erschließung des Semmering. Die Gründe hatten davor zum Gutteil der Bauernfamilie Doppelreiter gehört. Von der Bahnstation Wolfsbergkogel aus wurden die Gäste zu den oft billigeren Quartieren, vor allem zu den Dependancen des „Südbahnhotels" gebracht.

Simon Doppelreiter verkaufte große Teile des Familienerbes an die Südbahngesellschaft. Ein Grundstück behielt jedoch sein Bruder, der dort 1897 eine Pension mit Restaurant und einen Fuhrwerksbetrieb einrichtete.

Das Interieur der Stube verweist auf ein wohl eher bodenständiges Publikum. Während der NS-Jahre verdrängte ein Hitler-Portrait den Herrgottswinkel.

Unterhalb der Pension errichteten die Betreiber in den 1930er-Jahren einen Kiosk, der die Touristen mit Zigaretten und Wurstsemmeln, mit Getränken, Postkarten und Souvenirs versorgte. Aber auch Papierwaren für die Kinder der nahen Schule waren im Angebot des „Kaufhauses".

Diese Ansicht ist retuschiert und zeigt den Kiosk vor einem mächtigen Gebirgspanorama.

Der Wiener Arzt Dr. Hansy hatte sich als Kurarzt im „Panhans" vom Heilklima des Semmering überzeugt. So ließ er 1909 ein eigenes großes Kurhaus mit 120 Betten errichten, das äußerlich zwischen Heimat- und Jugendstil mit Elementen der Schlossarchitektur angesiedelt war. Ab 1939 war es Erholungsheim für deutsche Offiziere, später sowjetisches Lazarett.

Links vom „Kurhaus" erkennt man die „Villa Meran". Um 1900 als Privatunterkunft für Dr. Hansy errichtet, diente das Haus ab 1907 als Unterkunft für ausgewählte Kurgäste. Im Jahr 1945 brannte das Haus, vermutlich durch Blitzschlag, ab.

Das Lesezimmer des „Kurhauses" hat viel Prominenz gesehen: Von Max Reinhardt bis zu Arthur Schnitzler und von Anton Wildgans bis zu Gerhart Hauptmann und Franz Werfel reicht die Liste prominenter Kurgäste. Anna Mahler wurde hier ebenso behandelt wie ihr späterer Mann Paul Zsolnay, Hermann Bahr, Leo Slezak oder Jakob Wassermann.

Das „Kurhaus" mit seiner imposanten Fassade und mit seinem umfangreichen Freizeitangebot bildet ein typisches Beispiel für die eleganten Kuranstalten der 1920er-Jahre, die sich an ein reiches Publikum wandten. Lungenkranke wurden dezidiert an Heilanstalten verwiesen. Mehr Schein als Sein verrät aber auch die schmucklose Rückseite des „Kurhauses".

Schon um 1880 erforderte der wachsende Zustrom auf den Semmering die Einrichtung preisgünstigerer Quartiere. Das „Südbahnhotel" reagierte darauf durch den Bau zweier Touristenhäuser mit 36 bzw. 54 Zimmern. Zwischen den beiden in Fachwerkbauweise errichteten Gebäuden lag das bereits 1881 erbaute und aus drei Pavillons bestehende Ausflugslokal „Jubelhalle".

Das zweistöckige „Touristenhaus II" wurde 1920 abgerissen. Die „Jubelhalle", später „Restauration Wolfsbergkogel" genannt, verschwand 1930. Das dreistöckige Gebäude „Touristenhaus I" überlebte bis Ende der 1980er-Jahre als Erholungsheim der Böck-Greissau-Werke, später als Tagungshaus unter dem Namen „Europahaus Babenberg".

4

Freizeit

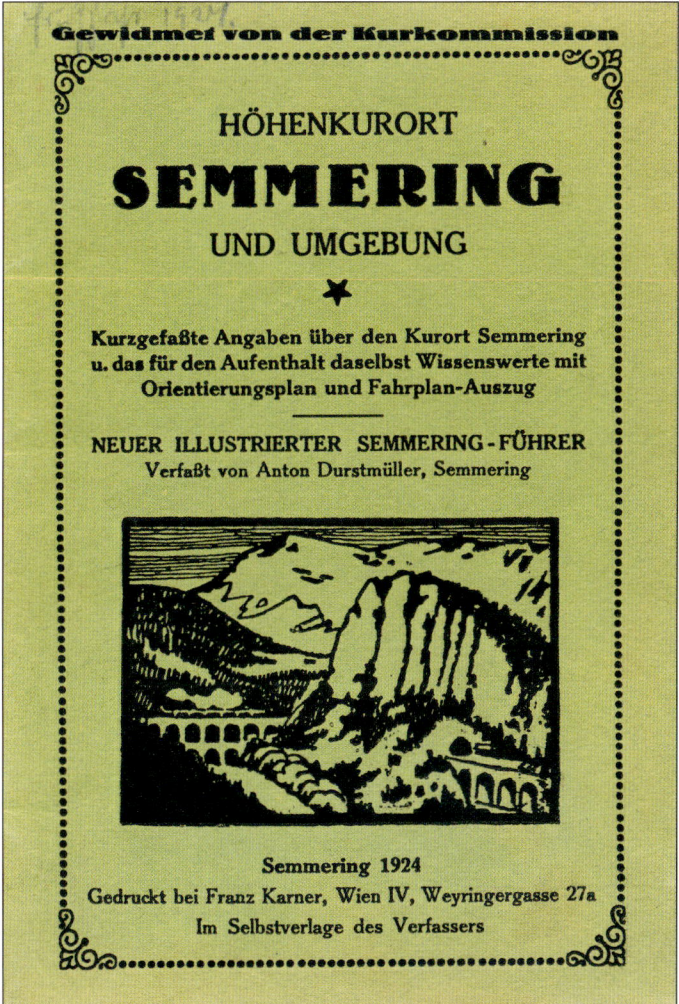

Schon mit dem Bau des ersten Hotels im Jahr 1882 wurde den Gästen in Prospekten und Reiseführern auch das wirtschaftliche Leben, das Dienstleistungs- und Freizeitangebot des Semmering angepriesen: Einladungen zu Wanderungen, Ausflügen und Aktivitäten in den und rund um die Hotels wurden bald durch Hinweise auf Sport- und Kurangebote erweitert.

Lokale und regionale Tourismusverbände machten durch Anzeigen und Prospekte Werbung für den Semmering als Urlaubsdestination im Winter wie auch im Sommer.

Auch unter dem austrofaschistischen wie nationalsozialistischen Regime blieb die Region als Höhenkurort für die warmen Monate und als Wintersportplatz ein beliebtes Reiseziel.

Sport

Neben Möglichkeiten für aktive sportliche Betätigung bot der Semmering bald auch spektakuläre Sportveranstaltungen, die ein zahlreiches Publikum zu Skirennen und Sprungbewerben, Rad- und Autorennen lockten. Hier warten etliche Zuschauer in der Mechanikerkurve auf die Drifts der Automobile und Motorräder beim Semmeringrennen des Jahres 1937.

Im Juni 1932 wurde der Höhepunkt der von William Zimdin geplanten Attraktivitätssteigerung des „Panhans" erreicht: Unmittelbar neben dem Hotel wurde das erste Alpenbad Europas eröffnet. Die Anlage galt als Sensation, wie auch ein von Josef Wolf komponierter „Panhans-Strandbad-Fox" zeigt. Das Bad konnte gegen Gebühr auch von hotelfremden Gästen genutzt werden.

Die Türen des aus Holz und Glas errichteten Baus konnten im Sommer geöffnet werden und machten den Weg zu einer ausgedehnten Liegewiese und einer Restauration auf einer Terrasse frei. So entstand im Gegensatz zum Schwimmbecken im „Südbahnhotel" der Eindruck eines Freibades. Der „Lido alpin" genannte Komplex bestand bis in die 1960er-Jahre.

Fast zeitgleich mit dem „Panhans" eröffnete auch das „Südbahnhotel" ein Hallenbad. Es war das architektonisch anspruchsvollere, wenngleich weniger spektakuläre Gebäude. Das „Südbahn"-Bad erfüllte eher Wünsche nach Sommerfrische, jenes im „Panhans" eher die Erfordernisse des Sommersports. Im Winter waren seine Funktionen ja nur eingeschränkt nutzbar.

Der um 1900 errichtete Sportplatz nahe der Passhöhe gehörte zum Komplex des „Hotel Panhans". Hier frönte das betuchte Publikum dem „lawn tennis". Bemerkenswert war die zweistöckige hölzerne Zuschauertribüne mit integriertem Kabinentrakt. Im Winter diente das Areal als Eislaufplatz.

Der 1898 gegründete „Österreichische Automobil-Club" suchte sich just die Semmering-Bergstraße von Schottwien auf die Passhöhe als Ort seiner Rennen für Motorräder und Automobile aus. Bis 1909 sowie ab 1921 fanden Veranstaltungen statt. Das Programm des Rennens von 1933 zeigt die Verbindung spektakulärer Landschaft und sensationellen Sports.

Graf Sascha Kolowrat gründete mit seinem ererbten Vermögen nicht nur eine Filmproduktionsfirma, sondern engagierte sich auch erfolgreich als Autorennfahrer. Bei Austro Daimler konstruierte Ferdinand Porsche ihm einen leichten Sportwagen und taufte diesen „Sascha". Mit diesem Wagen wurde Kolowrat beim Semmering-Rennen von 1922 Klassensieger.

Der als „Bergkönig" berühmt gewordene deutsch-österreichische Rennfahrer Hans Stuck startete auch beim Semmering-Rennen 1929 mit seinem „Austro-Daimler" und erreichte vor gut 50.000 Zuschauern an der Passstraße überlegene Tagesbestzeit. Nach dem Rennen wurde Stuck vom enthusiastischen Publikum bestürmt.

Wintersportgesellschaft im Hotel Panhans, Semmering.

Ein oft abgebildetes Sujet von 1907 wirbt für den Wintersportplatz „1. Ranges", genannt „Semmering bei Wien". Es zeigt eine Gruppe von im „Panhans" logierenden Wintersportlern und lokalen Sportgrößen, unter anderen auch Hotelbesitzer Franz Panhans selbst.

Skisprungbewerbe gehörten zu den spektakulärsten Sportveranstaltungen am Semmering. Die ersten Schanzen erlaubten nur Sprünge von einigen Metern, um 1912 wurde aber die Liechtensteinschanze am Hirschenkogel errichtet und 1920 für Sprünge bis zu 80 Metern ausgebaut. Die Bewerbe lockten die besten Skispringer Europas und daher auch Zehntausende Besucher an.

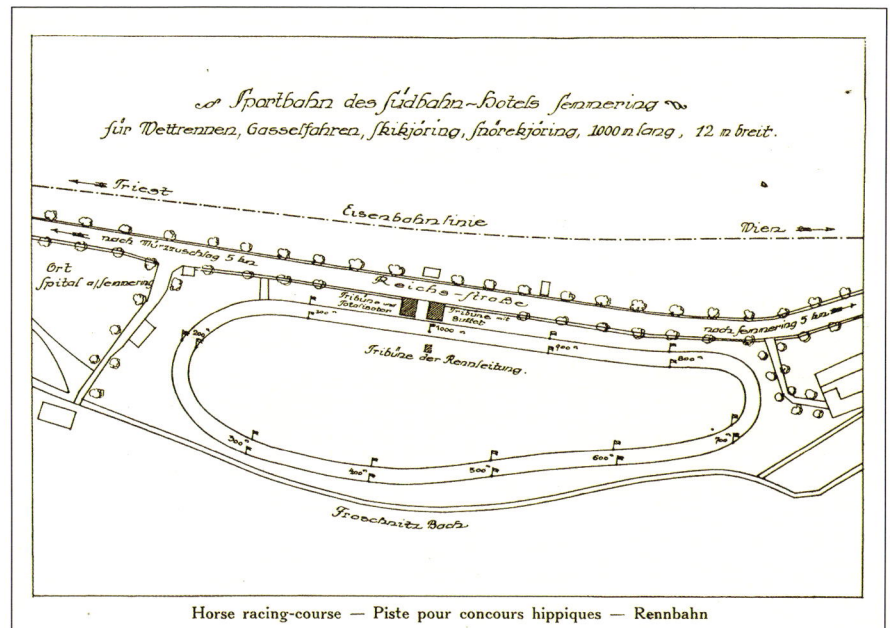

Horse racing-course — Piste pour concours hippiques — Rennbahn

Am Ortseingang von Spital am Semmering auf der Mosbacherwiese befand sich eine 1.000 Meter lange Pferderennbahn, die vom „Südbahnhotel" betrieben wurde. Sie wurde für wintersportliche Events wie Ski-Jöring und Gasselrennen genutzt. Ein Totalisateur und somit die Möglichkeit Wetten abzuschließen erhöhte die Attraktivität der Bahn erheblich.

Eine Dame auf einem Pferd und dahinter – das Seil in der Hand – ein Herr auf Skiern: Das Ski-Jöring war um die Wende vom 19. zum 20. Jahrhundert ein beliebter Wintersport, bei den zweiten Olympischen Winterspielen in St. Moritz reichte es sogar zum Vorführbewerb. Am Semmering gehörte das Ski-Jöring zum fixen Programm der Wintermonate.

Der alpine Skilauf hat am Semmering lange Tradition: 1893 fand hier der erste Wettkampf Mitteleuropas statt. 1928, 1952 und 1955 war der Hirschenkogel Austragungsort der nationalen Meisterschaften. Das Bild von 1952 zeigt das Publikum beim Damenslalom. 1956 gewann die einheimische Trude Klecker, Slalom-Weltmeisterin von 1954, den Riesentorlauf.

Wurden erste Bobrennen am Semmering auf vereisten Straßen ausgetragen, konnte 1906 eine etwa vier Kilometer lange Bob- und Skeletonbahn errichtet werden. Diese war speziell bei aristokratischen Amateuren bis hin zum späteren Kaiser Karl I. sehr beliebt. Einzigartig am Semmering war ein elektrischer Drahtseilaufzug, der die Bobs wieder zum Start brachte.

Beim Schutzhaus am Pinkenkogel begann die zwei Kilometer lange Natur-Rodelbahn des „Südbahnhotels", auf der auch nationale Meisterschaften ausgetragen wurden. Die Biegungen der Bahn waren nach lokalen Berühmtheiten benannt: Von der Dr. Fall-Kurve ging es über die Dr. Mündel-Kurve und die Gregor-Kurve zum Ziel nahe des Silberer-Schlössls.

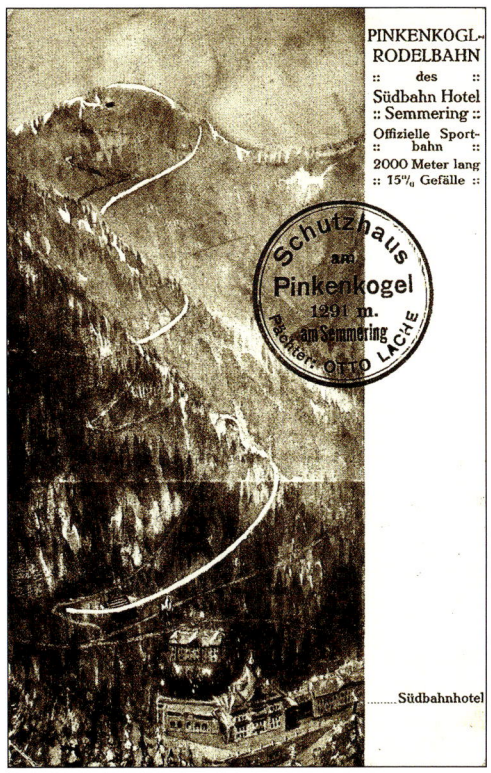

Die Rodelbahn am Pinkenkogel genügte internationalen Ansprüchen und brachte etliche bekannte Sportler hervor. Der erfolgreichste Semmeringer Rennrodler war Hans Krausner, der im Jahr 1955 gemeinsam mit Josef Thaler Weltmeister im Doppelsitzer wurde und von 1951 bis 1956 fünf EM-Medaillen gewann.

Der sommerliche Tennisplatz mit seiner Holztribüne wurde in der kalten Jahreszeit in eine 3.000 Quadratmeter große Eislauffläche verwandelt. Der Natureisplatz diente meist dem Publikumslaufen, in der Zwischenkriegszeit trat aber auch Prominenz wie Herma Szabo oder Willi Böckl zum Schaulaufen an. Auch Eishockey wurde auf internationalem Niveau gespielt.

Neben den Wettkämpfen kam natürlich auch der Freizeitsport nicht zu kurz. Viele Wiener kamen vor allem wegen des Skilaufs auf den Semmering, wozu schon früh die Einrichtung von Aufstiegshilfen beitrug. Touristen wie Einheimische betätigten sich vor allem als Eis- und Skiläufer, Kinder rodelten lieber die Hänge hinunter.

Das gesellschaftliche Leben

Das gesellschaftliche Leben am Semmering war vor dem Beginn des Tourismus vor allem vom kirchlichen Festkalender geprägt, zu dem natürlich Begräbnisse bekannter Persönlichkeiten gehörten. Sie bildeten auch später noch Anlässe, bei denen die ganze Gemeinde zusammenkam, wie hier bei der Beisetzung des populären Hoteliers Franz Panhans im Jahr 1913.

Das touristische Publikum wollte standesgemäß betreut und umsorgt werden. Dafür stand meist gut geschultes Personal zur Verfügung. Vom Piccolo bis zum Oberkellner stand das Team des „Hotel Panhans" in der Saison 1919, dem Jahr, in dem Semmering eine eigenständige Gemeinde wurde, für den Fotografen bereit.

Im Jahr 1902 wurde die erste Feuerwehr des Semmering als Hotelfeuerwehr des „Südbahnhotels" gegründet, man besaß ein eigenes Gebäude mit Mannschaftswagen und Handpumpe. Der erste Großbrand musste 1906 in der Gasanstalt bekämpft werden.

Ab 1919 war der Christlichsoziale und spätere Nationalsozialist Anton Rintelen steiermärkischer Landeshauptmann. In dieser Eigenschaft besuchte er Ende 1919 oder Anfang 1920 das „Touristenhaus I" des „Südbahnhotels", das zu dieser Zeit als Erholungsheim für die Bediensteten der Südbahngesellschaft geführt und wenig später abgerissen wurde.

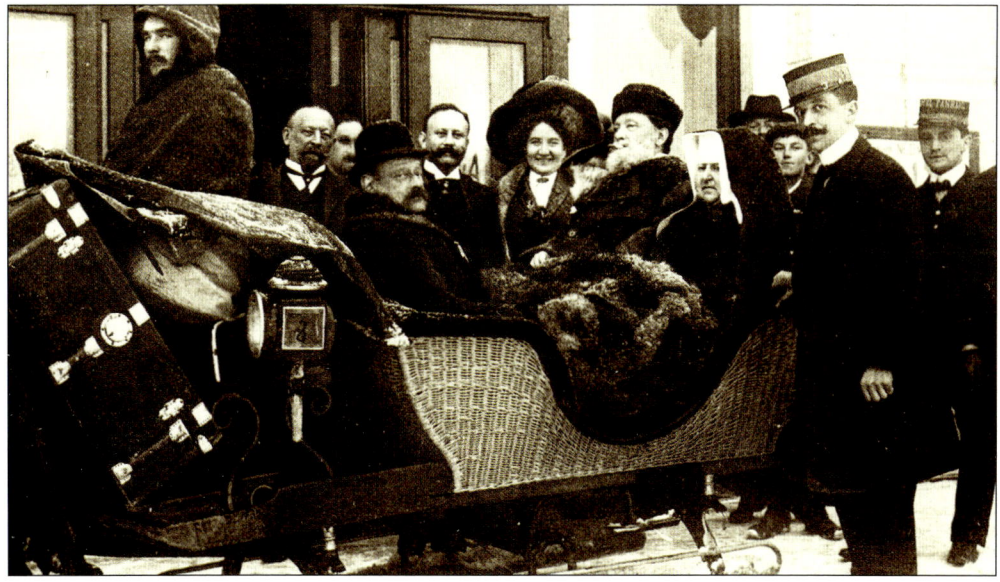

Karl Lueger, der Gründer der christlichsozialen Partei und zwischen 1897 und 1910 populärer, wiewohl umstrittener Bürgermeister von Wien, weilte immer wieder auf Erholung im „Panhans". Das bekannte Bild zeigt „Seine Excellenz" Lueger bei seinem letzten Besuch am Semmering ein Jahr vor seinem Tod. Verabschiedet wird Lueger von Hoteldirektor Franz Panhans.

Hotelier Panhans gibt der kaiserlichen Familie Erzherzog Leopold Salvator Aufklärungen über die neben seinem Hotel liegenden Ski- und Rodelbahnen

Gesellschaftliches Leben und auch Sport waren in der Anfangsphase der touristischen Erschließung des Semmering primär vom Adel geprägt. Selbst der Hochadel, wie hier Erzherzog Leopold Salvator (1863–1931) mit seiner Familie, war Wintergast im „Panhans". Hier lässt er sich vom „Chef" wintersportliche Neuerungen erklären.

Die Semmeringer Kirche auf dem Hochweg lud nach dem Gottesdienst zu sonntäglichen Spaziergängen ein. Während die Mutter die religiösen Darstellungen am Baumstamm betrachtet, wacht die Großmutter über Enkelkind samt Spielzeug, wie eine besinnliche Ansichtskarte aus der Zeit kurz nach 1900 zeigt.

Viele Semmeringbesucher – speziell wohl die weniger wohlhabenden sowie die Wochenend- und Tagesausflügler – trafen sich im beliebten Tanz-Café bei den „Wallner-Pensionen" zu Kaffee und Kuchen und ließen sich dabei – hier etwa um 1930 – einträchtig vom Fotografen ablichten.

Dass sich Eisenbahner dem Esperanto verschrieben, hat in Österreich speziell in der Sozialdemokratie eine bis in die Monarchie zurückreichende Tradition. Als sich Esperantisten 1956 in Wien zu einer Ferienwoche trafen, wurde als gemeinsames Ausflugsziel – natürlich – der Semmering gewählt und einige der Teilnehmer posierten vor dem Stationsgebäude.

Obwohl die Gemeinde Semmering von 1945 bis 1955 in der sowjetischen Besatzungszone und die angrenzende Steiermark in der britischen Zone lagen, übertrug der US-amerikanisch kontrollierte Sender Rot-Weiß-Rot im Jänner 1950 eine Konzertmatinee aus dem „Hotel Panhans". Dicht gedrängt teilten sich Orchester und Publikum den runden Salon.

Vor dem Hotel hatten die Techniker von Rot-Weiß-Rot trotz Schnee und Wind eine behelfsmäßige Sendeanlage errichtet, um der amerikanischen Unterhaltungsmission eine österreichische Note zu verleihen.

Die 1930er-Jahre waren der Zenit der urbanen Eroberung des Semmering, geprägt durch den Wettstreit von „Panhans" und „Südbahn". So beherbergte das „Panhans" die erste Misswahl in Österreich, Heinz Rühmann in seiner Hochzeitsnacht und Josephine Baker beim Skilaufen. Wegen der 1.000-Mark-Sperre musste man sich ab 1933 auf Gäste aus dem Osten konzentrieren.

Auch im Kampf um das erste Casino Österreichs blieb der Investor William Zimdin für sein „Panhans" siegreich. Im Februar 1934 öffnete dieses seine Pforten und sorgte für einen weiteren Zustrom von Stars und Sternchen aus der Welt des Glamours. Analog dem Alpenstrandbad hieß es auch Alpencasino.

Auch wenn sich die Hautevolee auf die beiden Grand Hotels konzentrierte, stiegen doch auch in anderen Häusern des Semmering berühmte Gäste ab. Das „Kurhaus" versammelte eher die literarische, die verlegerische und die Bühnenprominenz, aber auch Kardinal – und kurzzeitiger Innenminister – Theodor Innitzer ließ sich dort kurieren.

Mit dem Anschluss Österreichs war die Karriere des Semmering ebenso wenig beendet wie mit Kriegsbeginn. So wurde das „Kurhaus" Ende 1938 von der deutschen Wehrmacht zum Heereskurlazarett umfunktioniert. Größen des Regimes, wie Erwin Rommel, wurden in der arisierten Villa Petschek untergebracht, die bis 1918 Editha Mautner-Markhof gehört hatte.

Gesund werden oder gesund bleiben waren die primären Gründe eines Aufenthalts am Semmering. Aber natürlich sollte das Leben auch am Abend oder bei Schlechtwetter genossen werden, sei es bei ausgelassener Vergnügung oder stiller Beschaulichkeit: Zwei Schachspieler geben sich 1931 im Lesezimmer des „Kurhauses" der Muße hin.

Eine besondere Beziehung zum Semmering hatte der jüdische Segelflugpionier Robert Kronfeld: Führte ihn sein erster Hochgebirgsflug noch über die Rax, so absolvierte er im Jänner 1933 einen Segelpostflug von Wien auf den Semmering. Auch sein bevorzugtes Schleppflugzeug Austria II, eine Messerschmitt 23c, war vom „Hotel Panhans" gesponsert.

Das gesellschaftliche Leben am Semmering beschränkte sich nicht auf die oberen Zehntausend. Selbst im noblen „Hotel Panhans" sollte, wenn auch erst zu Zeiten des abflauenden Tourismus in den 1960er-Jahren, ein stilisiertes Heurigenstüberl mit betont einfachem Mobiliar dem bodenständigen Wiener Publikum ein Stück Heimatflair bieten.

In der Pension „Haus Sonnblick" war zu dieser Zeit heimatliches Ambiente mit Anflügen italienischer Espressokultur, Papageienkäfig mit Resopal-Tischen und verchromter Glasvitrine verwoben. Die Besitzer sorgten mit Gitarre, Ziehharmonika und Gesang für musikalische Unterhaltung.

Wanderungen und Ausflüge

Der Semmering war nicht nur Ziel, sondern auch Ausgangspunkt für Ausflüge. Er bot im näheren Umkreis zahlreiche Möglichkeiten für Touren zu Fuß, mit dem Auto oder dem Zug. Ein privates Fotoalbum der 1950er-Jahre erinnert an einen Kurzausflug nach Payerbach und auf die Rax, die neben Schneeberg und Hoher Wand zu den Wiener Hausbergen zählt.

Mit dem Reisebus geht es selbst während der Kriegsjahre auf den Sonnwendstein in Richtung des 1938 abgebrannten Friedrich-Schüler-Alpenhauses. Die Dame am Dach des Busses genießt einen besonderen Ausblick.

Wer vom Semmering Richtung Birkfeld fuhr, musste den Pfaffensattel überwinden, wo auf fast 1.400 Metern Seehöhe ein Gasthaus zur Rast einlud. Das „Sattelhaus", 1931 errichtet und 1960 erweitert, wurde aber auch zum beliebten Ausflugsziel. Zu diesem Zeitpunkt existierte der große Tanzboden vor dem Haus nicht mehr.

Die massiv antisemitischen Tendenzen im Alpenverein führten 1924 zum Ausschluss der jüdisch dominierten Sektion Donauland. Diese organisierte sich dann als Ski- und Touristenklub Hakoah und ließ 1935 die „Hakoah-Hütte" errichten. 1938 wurde das Haus enteignet, 1945 war es die Kommandozentrale der deutschen Truppen. 1949 wurde die Hütte restituiert.

Das spätere „Gasthaus Pollerus" in Spital dürfte schon ab 1820 existiert haben. Nach einem Brand 1932 wurde der neugebaute Gasthof zum beliebten Ausflugsziel. 1945 diente er als Treffpunkt konservativer Politiker zur Wiedererrichtung einer geeinten Volkspartei. Prominentester Stammgast war lange Zeit der steirische Landeshauptmann Josef Krainer sen.

Im Jahr 1910 beschloss der Gemeinderat von Breitenstein-Semmering, auf dem Doppelreiterkogel eine 14 Meter hohe hölzerne Aussichtswarte zu errichten und nach dem 1902 verstorbenen Bürgermeister Doppelreiter-Warte zu nennen. Vom „Kurhaus" in fünf Minuten zu erreichen, bot sich dort ein imposanter Ausblick über die Semmering-Bahntrasse.

In einer knappen Stunde erreicht man vom Semmering kommend über den Silbererweg oder den Migottisteig das um 1900 errichtete Pinkenkogel-Schutzhaus auf knapp 1.300 Metern Seehöhe. Es gilt als Wanderziel wie auch als Zwischenstation zum Preiner Gscheid oder zur Kampalpe. In den 1970er-Jahren wurde das Haus von Maxi Böhms Gattin Huberta geführt.

Durch den Nadelwald der Adlitzgräben führte ein vor allem im Sommer beliebter Wanderweg, der besondere Naturerlebnisse versprach. Für Mutige bot sich als Ziel die begehbare Falkensteinhöhle an, in der auch das Gaiskircherl untergebracht war, eine Grotte, in der öfters Berggottesdienste abgehalten wurden.

Von den Adlitzgräben erschließt sich ein Netz von Wanderwegen, etwa zur Ruine Klamm. Über den Sattel des Orthofes führt aber auch eine Straße nach Reichenau und zur Speckbacherhütte. Der Ort war bis vor einigen Jahren ein sehr beliebtes Ausflugsziel. Heute wird das Gebäude als Orthof-Galerie „arthoff" genutzt.

Eine ausgedehnte Wanderung von drei bis vier Stunden führte über den Sonnwendstein zum Alpengasthof „Kummerbauer-Stadl". Im Jahr 1929 als Jausenstation für Fuhrwerker errichtet, wurde er in den 1950er-Jahren zu einem Gasthaus umgebaut und 1966 erweitert.

Von der Passhöhe aus erreichte man in etwa 20 Minuten Mürzzuschlag, wo das „Hotel Post" erste Anlaufstation war. Um 1900 wurde das Gasthaus vom Skipionier Toni Schruf geleitet, der nicht zuletzt durch seine enge freundschaftliche Beziehung zu Peter Rosegger bekannt wurde. Im Gasthof richtete er deshalb das „Rosegger-Stüberl" mit dem Dichter-Erker ein.

Kuren

Wegen seiner klimatischen Vorzüge und seiner Höhenlage vermarktete sich der Semmering schon früh als Luftkurort. Sukzessive wurde der Status als Kurort ausgeweitet und um 1900 boten große Hotels wie kleine Pensionen eigene Kurangebote, etwa spezielle Bäder wie hier im „Panhans". Offiziell wurde dem Semmering der Titel Kurort aber erst 1921 verliehen.

Der Gloggnitzer Industrielle Wellspacher ließ 1893 ein Kurhaus mit mehreren Nebengebäuden errichten, das später vom Budapester Arzt Dr. Vecsey und seinem Nachfolger Dr. Hecht zu einer berühmten Wasserheilanstalt weiterentwickelt wurde. Daneben gab es ein umfangreiches Programm an Luft- und Liegekuren, Diäten, Thermo- und Elektrotherapien.

Dr. Hecht hatte zudem das „Palace Hotel" in ein Sanatorium verwandelt. Der für alternativmedizinische Ansätze bekannte Arzt bot unterschiedlichste Therapien, seine Spezialität war simpel die Nutzung von Luft und Sonne, was er unter der Bezeichnung „Aero- und Heliotherapie" anpries. Für diese Anwendungen genügte ihm die Einrichtung einer hölzernen Liegehalle.

Im Jahr 1964 erwarb Dr. Stühlinger das „Hotel Wallner" und baute es in ein nach modernen Grundsätzen geführtes Kurhaus um. Seit Mitte der 1980er-Jahre wird die Anstalt von seinem Sohn weitergeführt und in funktionalem Stil erweitert. Seither spezialisiert das Haus sich auf Reduktions-, Wellness- und Kosmetikangebote.

Das „Kurhaus" am Wolfsbergkogel war von Dr. Hansy sowohl bezüglich seiner Lage wie auch seiner Ausstattung von Beginn an als medizinische Anstalt geplant und eingerichtet worden. Seine Spezialität waren physikalisch-diätetische Höhenkuren, die primär für eine reichere Klientel angeboten wurden.

Noch vor Kriegsbeginn im Jänner 1939 erwarb die Deutsche Wehrmacht das „Kurhaus" und verwandelte es in ein Lazarett für Offiziere. Das Bild von 1944 zeigt Verwundete unter dem unvermeidlichen Führerportrait im Speisesaal. Einfache Soldaten wurden dagegen im ehemaligen Touristenhaus und im „Hotel Erzherzog Johann" behandelt.

Auf einem Familienfoto aus dem Jahr 1926 ist hinter den Kurgästen der Mediziner Dr. Schimak, die rechte Hand Dr. Hansys während der Jahre 1922 bis 1937, zu sehen. In der Folge wurde er als Heeresstabsarzt verpflichtet und ordinierte zugleich als Semmeringer Gemeindearzt im „Südbahnhotel".

5

Aufbruch

Nachdem sich der Semmering bereits in den 1950er-Jahren von einer Destination der noblen Sommerfrische und des sportlichen Wintertourismus zu einem Ziel für Tagesausflüge gewandelt hatte, erfolgte in den 1960er-Jahren der endgültige Niedergang. Erst Ende der 1980er-Jahre wurde er als „Zauberberg" unter Leitung von Markus Pausackerl touristisch neu definiert.

Eine Initialzündung der Semmering-Renaissance bildete die Austragung der ersten Damen-Weltcuprennen auf dem Hirschenkogel: Vor 18.000 Besuchern und 13 Millionen TV-Zusehern gewann Elfi Eder einen der beiden Slaloms. Seit 1996 werden die Rennen, Slalom und Riesentorlauf, im Zweijahresrhythmus ausgetragen, seit 1998 auf der neu angelegten Panoramapiste.

Nach dem Wintersport begann man am Semmering auch den Sommertourismus wiederzubeleben. Im Sinne der Eventkultur wurden neben Wanderangeboten vor allem die Offerten an Kinder und Jugendliche erweitert, etwa in Gestalt des Bikeparks Zauberberg für Mountainbiker und Downhiller sowie des Verleihs von Monster-Rollern für den Familienspaß.

Der Skiweltcup wurde zum Nukleus des Aufschwungs, er schreibt sich auch zentral ins Semmeringer Ortsbild ein: 2012 wurde auf dem neu angelegten Hauptplatz die hölzerne Skulptur einer Skirennläuferin als Wahrzeichen aufgestellt, das zugleich auf die Tradition wie auf die Zukunft des Gebietes verweisen soll.

Den Junggebliebenen bietet der Semmering mit diversen Oldtimer-Fahrten immer wieder nostalgische Attraktionen. Von der Alpenfahrt bis zur Kaiserstraßen-Rallye bildet die Passstraße und damit die Erinnerung an die klassischen Semmering-Rennen einen Fixpunkt im Programm. Hier stehen einige der Oldtimer vor dem „Panhans".

Auch den Kulturbeflissenen wird am Semmering ein reiches Programm geboten, von Theateraufführungen im stillgelegten „Südbahnhotel" bis zu Lesungen und Konzerten sowie eine Sommerakademie der Musik-Universität. Den spektakulärsten Event bot freilich Paulus Mankers Produktion „Alma". Das Polydrama von Joshua Sobol absolvierte 2007 ein Gastspiel im „Kurhaus".

Die Aufbruchsstimmung macht sich längst auch im Ortsbild bemerkbar. Zwischen einigen nach wie vor verfallenden Häusern und Hotels wurden in den letzten Jahren etliche Villen grundlegend renoviert. Auch das 1906 erbaute ehemalige Gemeindeamt erstrahlt in neuem Glanz.

Nach dem Urlaub oder Kuraufenthalt ging es irgendwann ans Abschiednehmen. Ein Aufkleber auf dem Koffer sollte nicht nur den Besitzer an seine Reiseziele erinnern, sondern auch andere Reisende darauf hinweisen, an welch noblen Adressen man bereits logiert hatte.

Die Südbahn stand am Beginn der Eroberung des Semmering und seiner Eingemeindung als Wiener Vorort. Der Bahnhof Semmering stand oft auch am Ende der Reise: Komm gut heim!

Bücher aus Ihrer Region

Alltag im Wien der 1930er-Jahre
Eine Zeitreise in Bildern

Franz Mazanec und Kurt Apfel

ISBN: 978-3-86680-485-2 | 24,90 € [A]

Bildschönes Döbling

Franz Mazanec

ISBN: 978-3-95400-127-9 | 12,95 € [A]

An der Südbahn

Hannes Nothnagl und Barbara Habermann

ISBN: 978-3-86680-218-6 | 18,90 € [A]

50 Jahre Elektrifizierung der Semmeringbahn

Johann Reisinger

ISBN: 978-3-86680-438-8 | 18,90 € [A]

Vom Dachstein zur Rax
Auf den Spuren von Georg Hubmer

Fritz Lange

ISBN: 978-3-86680-184-4 | 18,90 € [A]

Weitere Bücher aus Ihrer Region finden Sie unter:
www.suttonverlag.at